LA

LOI DU 8 AVRIL 1910

COMPLÉTANT L'ARTICLE 389 DU CODE CIVIL

relatif à l'administration légale du père

PAR

HENRI CAPITANT

PROFESSEUR ADJOINT A LA FACULTÉ DE DROIT DE L'UNIVERSITÉ DE PARIS

Extrait de la *Revue trimestrielle de droit civil*, n° 2, 1910.

LIBRAIRIE

DE LA SOCIÉTÉ DU

RECUEIL SIREY

22, rue Soufflot, PARIS, 5° arrond.

L. LAROSE & L. TENIN, Directeurs

1910

LA

LOI DU 8 AVRIL 1910

COMPLÉTANT L'ARTICLE 389 DU CODE CIVIL

RELATIF A L'ADMINISTRATION LÉGALE DU PÈRE

Par M. Henri Capitant,

Professeur adjoint à la Faculté de droit de l'Université de Paris.

———

1. — Pour la première fois, la loi du 8 avril 1910 fixe les règles applicables à l'administration des biens des enfants mineurs qui ont encore leur père et leur mère. Les rédacteurs du Code civil n'avaient pas donné grande attention à cette question; elle leur paraissait sans doute offrir peu d'intérêt, car il est rare qu'un enfant acquière des valeurs avant le décès de l'un de ses parents. Le projet de l'an VIII ne l'avait même pas prévue. C'est la section de législation du Tribunat qui proposa d'y consacrer un article. Il faut, disait-elle, donner l'administration au père et le soumettre aux mêmes obligations que le tuteur, sans toutefois le placer sous la surveillance d'un subrogé tuteur et la dépendance d'un conseil de famille, « ce qui répugnerait à tous les principes constamment reçus ». Cette proposition ne fut acceptée qu'en partie, et l'on inséra en tête du titre dixième un article très bref déclarant que le père est administrateur des biens et doit en rendre compte [1].

---

[1] Locré, *Législation civile de la France,* t. VII, p. 215, 216, 234, 252.

2. — Ce laconisme n'a rien de surprenant. Il était diffi-cile de renvoyer purement et simplement, comme le demandait le Tribunat, aux dispositions de la section VIII (art. 450 à 468, C. civ.), du moment que l'organe principal de la tutelle, le conseil de famille, et le subrogé tuteur faisaient défaut. De plus, les rédacteurs du Code ne trouvaient aucune indication dans les auteurs dont ils faisaient leurs guides habituels. Pothier ne dit rien de cette administration; parlant de la puissance paternelle, dans son *Traité des personnes et des choses* [1], il ne s'occupe que des droits qu'elle donne sur la personne de l'enfant et de la garde noble et bourgeoise, institution d'ordre exceptionnel, qui, dit-il, donne au survivant des deux conjoints le droit de percevoir le revenu des biens que ses enfants mineurs ont eus de la succession du prédécédé, jusqu'à ce qu'ils aient atteint un certain âge [2]. Puis, il passe à la tutelle qui s'ouvre au cas de décès de l'un des père et mère et quand il n'y a pas lieu à la garde.

Domat [3], de son côté, se contente de déclarer que le père

(1) 1re partie, titre 6, sect. 2, édit. Bugnet, t. IX, p. 50.

(2) *Traité de la garde noble et bourgeoise*, édit. Bugnet, t. VI, p. 499 et suiv.

(3) *Les lois civiles*, livre 2, titre 1, des Tuteurs, sect. 1, § 10. De même, au titre 2, des Curateurs, sect. 1, n° 5 : « Si un fils de famille tombe en démence, on ne lui donne pas de curateur, car son père est naturellement chargé de la conduite de sa personne et de l'administration de ses biens ». Renusson, *Traité du droit de garde noble*, ch. II, nos 11 et 12 : « La maxime « est bien établie que les enfants ne tombent point en garde tant qu'ils ont « leurs père et mère tous deux vivants : et si, du vivant des père et mère, il « échet aux enfants des biens pendant leur minorité, par libéralité et dis-« position de leur aïeul et aïeule, ou de quelque personne, les père et mère « en doivent rendre compte à leurs enfants lorsqu'ils seront parvenus à « leur majorité ». Cons. aussi le *Répertoire universel de jurisprudence* de Guyot, v° *Garde-noble*, sect. IV : « On tient généralement aujourd'hui que la garde est « subordonnée à l'ouverture d'une succession légitime, échue au mineur « après le décès de son père ou de sa mère. Si donc le mineur recueille, « durant leur vie, des biens de quelque nature que ce soit, à titre de dona-« tion ou de substitution même faite par ses ascendants, ou enfin à titre de « succession collatérale, le père n'en doit avoir que la simple administration, « pour en rendre compte à son fils lorsqu'il aura atteint sa majorité ». Mais à peine le *Répertoire* parle-t-il de cette administration au mot « Puissance paternelle ». Voir aussi, v° *Garde-noble*, sect. XV, édit. de

a l'administration légale des biens de ses enfants et qu'il leur tient lieu à cet égard de tuteur légitime. Et, nulle part, chez nos anciens auteurs coutumiers, nous ne trouvons de longues explications sur cette légitime administration.

3. — Le silence du Code civil ne tarda pas à susciter en pratique des difficultés et la jurisprudence fut fort embarrassée pour les trancher. Un seul point paraissait certain, c'est que les rédacteurs n'avaient pas voulu appliquer au père les dispositions du titre de la tutelle, et les tribunaux l'ont assez vite admis d'une façon unanime. Mais fallait-il lui imposer l'autorisation de justice pour les

1784, p. 79. Voir enfin, Jean Meslé, *Traité des minorités, tutelles et curatelles*, ch. IV, Paris, 1752.

En tout cas, les pouvoirs du père étaient limités et ne lui donnaient pas la faculté d'aliéner les immeubles, pas plus que ne l'avait le baillistre ou le gardien. Les auteurs du XVIII° siècle disent que le père gère les biens comme un tuteur. Voir Guyot, *Répert. univ. de jurispr.*, v° *Puissance paternelle*, sect. IV, édit. de 1784, p. 148 : « En pays de coutumes, on déclare nulles in- « distinctement toutes les aliénations que font les pères des biens de leurs « enfants non émancipés, sans y être autorisés par un décret de justice, et « sans remplir les autres formalités requises de la part des tuteurs et cura- « teurs. » — De même, Ferrière, *Dictionnaire de droit et de pratique*, v° *Administrateur* : « Un père est appelé le légitime administrateur de ses « enfants ; il peut en cette qualité recevoir et donner des quittances pour et « au nom de son fils mineur. Mais la qualité d'administrateur n'est pas suf- « fisante pour qu'il puisse aliéner ou engager ses immeubles ; ce qui est si « vrai qu'il ne peut pas valablement accepter pour lui une donation et qu'il « faut pour cet effet lui créer un curateur... ».

Le même auteur dit, v° *Puissance paternelle* : « Dans la plupart de nos coutumes, les pères n'ont guère plus de pouvoirs sur leurs enfants que les « tuteurs en ont sur leurs pupilles ; car ils n'ont que les soins de leur édu- « cation et l'administration de leurs biens jusqu'à ce qu'ils soient majeurs « ou émancipés. Ainsi, dans presque tous les pays coutumiers. tout ce qui « advient aux enfants par succession ou autrement leur appartient en pleine « propriété ». Comparer enfin ce que dit M. Brissaud, *Cours d'histoire géné- rale du droit français*, t. II, p. 1160, note 2.

Cependant, dans les pays de droit écrit, où s'était maintenue la *patria po- testas* romaine, le père avait, même après la majorité de l'enfant, l'adminis- tration et l'usufruit des biens adventices, et jouissait de pouvoirs plus éten- dus. On admettait, en se fondant sur les textes du Code (Lois 8, § 4 et 5, 6, § 2, *C. de bonis quae liberis*, livre 6, titre 61), qu'il pouvait aliéner les immeubles, pourvu toutefois qu'il agît au nom de ses enfants et que l'alié- nation fût nécessitée par des besoins pressants ou provoquée par une utilité évidente. *Répertoire de Guyot*, v° *Puissance paternelle*, section IV.

aliénations, ou lui permettre de faire librement, sans contrôle, tous les actes qu'il jugeait utile d'accomplir? La jurisprudence est restée indécise, tantôt lui reconnaissant des pouvoirs illimités, tantôt le soumettant à l'autorisation du tribunal dans les mêmes cas que le tuteur. La loi du 27 févr. 1880, qui, d'après les déclarations de ses auteurs, ne s'appliquait pas à l'administration légale, vint encore augmenter les incertitudes. Les tribunaux conclurent logiquement de ces affirmations, que le père pouvait aliéner toutes les valeurs mobilières, quelle qu'en fût l'importance et, dès lors, il n'y avait plus de raison pour se montrer plus sévère relativement aux autres actes de disposition [1].

4. — Ces solutions et ces divergences, fort préjudiciables aux intérêts des mineurs, rendaient nécessaire une intervention législative. Elle fut promise dès 1880, mais elle a mis 30 ans à se produire. Sur son opportunité, des doutes s'étaient élevés dans l'intervalle. En 1887, la Commission de la Chambre des députés rejetait le projet de loi que le gouvernement avait déposé en 1881 et repris en 1885 [2], sous le prétexte que cette réforme ne se justifiait ni par les réclamations de l'opinion, ni par la persistance de longs abus, et qu'il n'y avait pas lieu d'inventer des remèdes pour des maux qui ne s'étaient pas révélés : « L'expérience « a montré, disait le rapporteur, M. Piou, que les rédac- « teurs du Code civil avaient fait preuve d'une profonde « sagesse en ne cherchant pour les enfants d'autre sauve- « garde que la tendresse de leurs parents ».

L'on serait tenté tout d'abord d'approuver cette affirmation. L'administration légale est d'une application exceptionnelle; il est rare, comme nous l'avons déjà dit, que des enfants possèdent un patrimoine du vivant de leurs père

----

(1) Aussi les divergences ont-elles persisté. — Voir notamment Dijon, 30 juin 1900; Bordeaux, 24 janv. 1901; Paris, 18 févr. 1901; Douai, 25 févr. 1901, S. 1903. 2. 1 et la note de M. Tissier; Civ. rej. 29 juill. 1903, S. 1903. 1. 520; Paris, 14 juin 1901, D. P. 1907. 2. 313 et la note de M. de Loynes. Voir aussi note de M. de Loynes sous Dijon, 31 déc. 1891, D. P. 92. 2. 233. *Adde*, Wagner, *L'administration légale des biens personnels des enfants mineurs*, *Revue trimest.*, 1902, p. 782.

(2) Voici ci-dessous, p. 276, note 1, le résumé des travaux préparatoires.

et mère. Acquièrent-ils quelque chose, ce ne peut guère être que par voie de libéralités, et il dépend du disposant, s'il a quelque crainte sur les qualités d'administrateur du père, de limiter ses pouvoirs ou de confier la gestion à un tiers ; que s'il ne le fait pas, il manifeste par là sa confiance dans le père. Et puis ne va-t-on pas, en établissant des formalités, alourdir cette administration, rendre lente, coûteuse la moindre aliénation, et faire payer au mineur une inopportune protection législative [1] ?

5. — Mais cette conclusion optimiste n'est pas corroborée par l'examen des nombreuses décisions publiées dans les recueils. La jurisprudence, pourrait-on dire, est comme le bulletin de santé des institutions de droit. Trouve-t-on à propos d'un acte juridique de nombreuses interventions des tribunaux, on peut affirmer que sa réglementation légale laisse à désirer et qu'il y a lieu de la réviser. Or, fréquents sont les jugements et arrêts relatifs à l'administration légale, rendus à l'occasion de recours d'enfants contre les actes de leur père, ou motivés par la résistance des tribunaux à des demandes en conversion de titres nominatifs en titres au porteur. En outre, ce n'est pas seulement par voie de libéralités, mais de succession *ab intestat* que des biens peuvent échoir à l'enfant. De plus, l'administration légale n'intéresse pas exclusivement, comme on pourrait le penser, les mineurs qui possèdent un patrimoine ; elle concerne même ceux qui n'ont aucune fortune propre, car elle comporte non seulement les actes de gestion, mais l'exercice des actions pouvant naître à leur profit, notamment à l'occasion d'un accident causé par des tiers, et les tribunaux ont eu souvent à statuer sur la validité de transactions désastreuses conclues par le père au nom de son enfant [2].

---

(1) Voir les observations présentées par M. Thaller à la Société d'études législatives, Bulletin 1906, p. 342 et suiv.

(2) La question a moins d'intérêt, il est vrai, depuis la loi du 9 avril 1898, qui exige que la pension due à la victime d'un accident du travail entraînant une incapacité permanente soit toujours fixée par ordonnance du président du tribunal civil, même en cas d'accord entre les parties (art. 16, 2° §). Mais elle peut encore se présenter quand l'accident n'est pas survenu par le fait ou à l'occasion du travail, ou dans un établissemement assujetti.

Enfin, n'y a-t-il pas à s'occuper des ménages désunis, des parents séparés de corps ou divorcés? Et ne faut-il pas ici, quand le conjoint n'est plus là pour garantir l'enfant, remplacer cette surveillance par le contrôle judiciaire? Voilà plus de raisons qu'il n'en faut pour justifier l'utilité de la nouvelle loi. Il nous reste à voir ce qu'elle vaut [1].

6. — Les réformes réalisées par elle sont profondes [2]. Elles peuvent ainsi se résumer :

[1] Résumons brièvement les travaux préparatoires qui ont abouti au vote de la loi. Un premier projet, assez bref, enlevant au père le droit de faire aucun acte excédant l'administration sans recourir à l'autorisation de justice et rangeant au nombre de ces actes les aliénations, conversions et emplois de valeurs mobilières, fut préparé par le Conseil d'Etat et déposé par M. Cazot, Ministre de la Justice, sur le bureau de la Chambre des députés, le 26 nov. 1881. Quelques jours après, le 13 déc. 1881, M. Bisseuil, député, présentait à son tour une proposition beaucoup plus détaillée (Voir ces deux documents aux annexes du Rapport de M. Louis Legrand, Sénat, 1908, S. E., n° 268). La législature prit fin sans que ni l'un ni l'autre ne fussent examinés. Le projet gouvernemental fut de nouveau soumis au Parlement le 26 nov. 1885, mais la Commission nommée pour l'étudier conclut au rejet, par l'organe de son rapporteur, M. Piou, le 4 juill. 1887, *J. O.* 1887, Doc. parl., Ch. annexes, n° 1920, p. 968. Le 10 janv. 1891, M. Lévêque, député, soumettait une nouvelle proposition, restreinte au cas d'opposition d'intérêts entre le père et l'enfant. *J. O.* 1891, Doc. parl., Ch. des dép., annexe, n° 1133, p. 278. Un rapport sommaire conclut à la prise en considération. La question fut oubliée et ne fut reprise qu'en 1907 par M. Adigard, qui proposa à son tour un texte destiné à compléter l'article 389. Cette proposition fit l'objet d'un rapport de M. Maurice Viollette (annexe à la séance du 5 déc. 1907, n° 1538), et fut adoptée par la Chambre le 21 déc. 1907 (Déb. parl., S. E. 1907, p. 3028). Mais elle était insuffisante; elle laissait trop de questions dans l'ombre. Le Sénat l'a modifiée et complétée (Voir le rapport de M. Louis Legrand, annexe au procès-verbal de la séance du 5 nov. 1908, Sénat 1908, S. E., n° 268), et le texte, voté par lui le 11 février 1909, a été accepté sans modification par la Commission de la Chambre des députés (Rapport de M. Viollette, annexe au procès-verbal de la séance du 16 févr. 1909, session de 1909, n° 2316), et par la Chambre elle-même, après une courte discussion, dans la 2e séance du 1er avr. 1910. *Journal officiel*, 1910, Ch. des députés, Compte rendu des débats, p. 1881 et suiv.

D'autre part, la réforme de l'administration légale a été étudiée, dans le cours de l'année 1906, par la Société d'études législatives. Deux séances ont été consacrées à la discussion des textes que la commission lui présentait, à la suite d'un rapport de M. Bartin. Ces textes sont fort complets. Ils délimitent avec soin les pouvoirs de l'administrateur et précisent ses obligations soit durant le mariage, soit dans le cas de divorce ou de séparation de corps. Voir *Bulletin de la Société d'études législatives*, 1906, p. 297 et suiv., 333 et suiv.

[2] La loi du 8 avril 1910 ajoute neuf nouveaux paragraphes au texte de

I. — *Exercice de l'administration légale.*

1° Pendant le mariage et tant que la vie commune dure, l'administration appartient au père, mais elle passe à la mère lorsque celui-ci est hors d'état de l'exercer ou qu'elle lui a été retirée par le tribunal. Elle peut même être confiée dans ce cas à une tierce personne. La loi apporte, en effet, une nouvelle limitation à la puissance paternelle, en autorisant la justice à prononcer la déchéance de l'administration contre les parents.

De même, le donateur ou le testateur peut décider que les biens seront administrés par un autre que le père.

2° En cas de divorce ou de séparation de corps, l'administration appartient à celui des époux auquel est confiée la garde de l'enfant.

II. — *Pouvoirs de l'administrateur.*

Les règles de l'administration légale sont empruntées à la tutelle; mais il n'y a ni conseil de famille, ni subrogé tuteur, ni hypothèque légale sur les immeubles.

1° L'administrateur est libre d'accomplir les actes que le tuteur peut faire seul ou autorisé du Conseil de famille.

2° Il est obligé de requérir l'autorisation du tribunal dans les mêmes cas que le tuteur.

3° Il est également tenu d'observer certaines formalités imposées au tuteur, telles que l'emploi des capitaux, la conversion des titres au porteur en titres nominatifs, l'ac-

l'article 389, qui déjà avait été sensiblement augmenté par la loi du 2 juill. 1907, relative à la protection et à la tutelle des enfants naturels. Cet article est maintenant l'un des plus longs du Code. Il se compose de deux parties bien distinctes : la première, la seule dont nous nous occupons ici, compte onze paragraphes consacrés à l'administration légale; la seconde, qui traite de la tutelle des enfants naturels, en comprend quatre.

Il n'est pas bon de surcharger ainsi les articles de notre Code civil. C'est une méthode pleine d'inconvénients. D'abord, il devient très difficile de citer d'une façon claire et précise les diverses dispositions contenues dans un texte aussi étendu. D'autre part, en adoptant ce moule trop étroit pour contenir toutes les modifications nécessaires, le législateur se condamne à être incomplet. Il eût été mieux inspiré en suivant l'exemple de la Société d'études législatives qui avait rédigé un projet de loi distinct.

ceptation d'une succession sous bénéfice d'inventaire, le partage en justice.

III. — *Reddition de compte et responsabilité.*

Ici encore, la loi applique les articles du titre de la tutelle.

1° L'administrateur doit gérer en bon père de famille. 2° Il doit rendre ses comptes dans les mêmes formes que le tuteur.

Reprenons ces diverses règles et voyons quelles questions elles soulèvent, quelles critiques elles comportent [1].

I. — Exercice de l'administration légale.

1° Faculté pour les tribunaux
de prononcer la déchéance de l'administration.

7. —Ce n'est pas à proprement parler une innovation. Le contrôle de la justice a toujours été dans la tradition de nos pays de coutumes [2], et la jurisprudence a reconnu par maintes décisions que les juges avaient le droit, en cas de mauvaise administration des biens et pour prévenir leur dissipation, d'enlever la gestion au père ou à la mère, qu'ils eussent ou non l'usufruit, et de la confier à un tiers [3].

Mais il est bon qu'un texte formel accorde ce pouvoir aux tribunaux et supprime toute hésitation. La loi les auto-

---

(1) Bien entendu, la loi du 8 avr. 1910 ne s'applique qu'aux parents légitimes. Le père ou la mère naturel n'a jamais l'administration légale; il gère les biens de l'enfant en qualité de tuteur.

(2) Pothier, *Traité de la garde-noble*, n° 103, édit. Bugnet, t. VI, p. 530.

(3) Cons. Paris, 29 août 1825 (Cass., 16 déc. 1829), Sir. chron.; Cass. 19 avr. 1843, S. 43. 1. 385; Trib. civ. du Puy, 10 déc. 1869, D. P. 70. 3. 64; Montpellier, 25 août 1861, S. 64. 2. 225; Lyon, 13 nov. 1894, S. 95. 2. 145, (dans l'espèce, il s'agissait d'un père usufruitier légal destitué de la tutelle); trib. civ. Reims, 27 déc. 1901, *Répert. gén. du notariat*, 1902. 2. 266; Paris, 14 juin 1901, S. 1903. 2. 10, qui ne tranche pas formellement la question. Dans le même sens, Aubry et Rau, 5° édit., t. I, § 123, p. 778; Planiol, 5° édit., t. I, n° 1722.

rise à retirer l'administration, pour cause grave, à celui des père et mère qui en est chargé.

8. — Les causes qui peuvent motiver le retrait sont laissées à l'appréciation des juges. Ce seront, soit des fautes lourdes commises dans la gestion, soit des actes de malversation, ou une demande en séparation de biens émanée de la femme, soit même l'état de faiblesse d'esprit, d'aliénation mentale. La mesure n'aura pas toujours, par conséquent, le caractère de peine ou de déchéance, qu'elle revêtira, il est vrai, le plus souvent.

Elle pourrait être également décidée comme conséquence de la privation du droit de garde prononcée en vertu de la loi du 5 avril 1898. On comprend mal, en effet, que le père auquel la garde de l'enfant a été enlevée, puisse conserver l'administration des biens, et le tribunal aura à examiner s'il ne convient pas de confier au gardien choisi la gestion des biens en même temps que la personne de l'enfant. On trouve au surplus dans le § 3 un argument d'analogie décisif, puisque, en cas de divorce ou de séparation de corps, l'administration appartient à celui des deux époux auquel est confiée la garde de l'enfant, s'il n'en est autrement ordonné.

9. — Le retrait de l'administration emportera-t-il la perte du droit de jouissance légale? C'est une question que la loi passe sous silence. Il n'y a pas corrélation nécessaire entre les deux institutions. L'usufruit peut continuer quand bien même l'usufruitier ne gère pas. Le but à atteindre est la protection des biens, et pour cela il suffit d'enlever l'administration, il n'est pas nécessaire que l'usufruit disparaisse. Le nouvel administrateur versera au père les revenus [1].

Mais si le père dilapidait les biens, le tribunal n'aurait-il pas le droit de prononcer à la fois le retrait de l'administration et la perte de la jouissance légale? C'est se conformer à la tradition que de le lui reconnaître. Pothier [2] nous

---

[1] Voir pour le cas de destitution de la tutelle, Cass., 19 avr. 1843, S. 43. 1. 385 ; Montpellier, 25 août 1864, S. 64. 2. 225 ; Lyon, 13 nov. 1894, S. 95. 2. 145, motifs ; Trib. civ. Seine, 6 nov. 1908, D. P. 1909. 5. 16.

[2] *Traité de la garde-noble*, n° 103.

dit que le juge peut destituer le gardien pour cause de malversation et tous les auteurs modernes admettent que le père encourt la déchéance de son droit d'usufruit, comme tout usufruitier, conformément à l'article 618 du Code civil, lorsqu'il abuse de la jouissance « en commettant des dégradations sur le fonds ou en le laissant dépérir faute d'entretien[1] ».

10. — La décision du tribunal retirant l'administration légale n'est pas portée à la connaissance des tiers. A la Chambre des députés, M. Raoul Péret a insisté pour qu'une publicité fût organisée en vue de prévenir les personnes qui pourraient être appelées à traiter avec l'administrateur déchu[2].

Le rapporteur s'est contenté de répondre que la destitution du tuteur n'était pas, elle non plus, publiée. Mais les deux situations ne sont pas comparables; le tuteur destitué n'a plus la garde de l'enfant, et cette circonstance ne saurait échapper aux intéressés, qui peuvent, en outre, aisément se renseigner auprès du juge de paix président du conseil de famille. Il leur sera plus difficile, au contraire, de connaître le jugement frappant de déchéance l'administrateur légal.

11. — Comment le tribunal sera-t-il saisi de la demande en déchéance? Le § 9 nous répond qu'il statuera à la requête de celui des père et mère qui n'est pas investi de l'administration, d'un parent ou d'un allié de l'enfant ou du ministère public[3]. Ainsi, tous les parents et les alliés,

_____

(1) Cons. Aubry et Rau, 4ᵉ édit., t. VI, § 550, p. 92; Demolombe, t. VI, nᵒ 597; Laurent, t. XIV, nᵒ 344; Planiol, t. I, nᵒ 1702; Surville, *Éléments d'un cours de droit civil*, t. I, nᵒ 380; Baudry-Lacantinerie, Chéneaux, Bonnecarrère, *Des personnes*, 2ᵉ édit., t. IV, p. 198, nᵒ 178.

Certaines des décisions précédemment citées paraissent cependant contraires. L'arrêt de la Cour de Lyon du 13 nov. 1894 (S. 98. 2. 145) dit dans ses motifs : « Attendu que si, en l'absence d'un texte formel, qui serait nécessaire quand il s'agit d'appliquer une pénalité, il est douteux que la mauvaise gestion et les abus de jouissance de l'usufruitier légal autorisent de prononcer la déchéance de l'usufruit légal aussi bien que la destitution de la tutelle ... ».

(2) Deuxième séance du 1ᵉʳ avr. 1910.

(3) Au contraire, l'action en déchéance de la puissance paternelle ne peut

les plus éloignés même, si les plus proches restent dans l'inaction, car la loi n'établit entre eux aucun ordre, peuvent agir. Et cela est nécessaire; bien souvent, le conjoint ou les parents les plus rapprochés n'oseront pas former eux-mêmes la demande.

Le tribunal examinera la requête et prononcera en chambre du conseil, le ministère public entendu.

2° *A qui est confiée l'administration durant la vie commune?*

12. — « Le père est, du vivant des deux époux, administrateur légal des biens de leurs enfants mineurs non émancipés (1).

« Lorsque le père est déchu de l'administration, la mère devient de droit administratrice en ses lieu et place... ».

Cette seconde formule est trop étroite, et la suite du texte la rectifie. Le § 9, décide, en effet, que l'administration légale cesse d'appartenir à toute personne interdite, pourvue d'un conseil judiciaire ou en état d'absence. Quand donc le père se trouve dans l'une de ces situations, l'administration échoit nécessairement à la mère.

L'énumération du § 9 est certainement limitative. L'aliénation mentale n'y est pas mentionnée. C'est que la démence n'est constatée par aucun acte juridique; elle ne modifie pas les droits de l'individu. Elle ne saurait donc entraîner par elle-même, *ipso jure*, cessation de l'administration légale. Il faudra adresser une requête au tribunal.

Enfin l'administration légale passe également à la mère,

être intentée que par les parents du mineur jusqu'au degré de cousin germain ou par le ministère public (Loi du 24 juill. 1889, art. 3).

(1) Art. 389 nouveau, § 1er. La loi de 1910 modifie, sans utilité, les termes de l'ancien texte, qui était ainsi conçu : « Le père est, *durant le mariage,* administrateur des biens personnels de ses enfants mineurs ». Le père est du *vivant des deux* époux, dit l'article actuel. D'après le rapport de M. Louis Legrand, cette modification a été faite « pour mettre le texte d'accord avec la réalité et avec l'art. 390, qui n'institue la tutelle qu'après la mort du père ou de la mère du mineur ». Mais le changement n'est pas heureux, puisque, après le divorce, l'administration passe à celui auquel est confiée la garde de l'enfant.

lorsque le père est déchu de la puissance paternelle. Mais, dans les cas où la déchéance est facultative, le tribunal peut, conformément au § 3 de l'article 9 de la loi du 24 juill. 1889, dont les dispositions ne sont pas modifiées, statuer sur les droits de la mère et lui refuser l'exercice de la puissance paternelle.

13. — Les causes qui enlèvent au père l'administration, produisent, bien entendu, le même effet contre la mère. Comment faudra-t-il, dans ce cas, organiser la protection de l'enfant? Il semble qu'il conviendrait d'ouvrir la tutelle, puisque les garanties qu'il trouve ordinairement dans l'affection et la sollicitude de ses parents lui font défaut (1). Il est regrettable, à notre avis, que la loi n'ait pas pris ce parti. Est-ce donc qu'elle a considéré comme un principe intangible la règle de l'article 390 du Code civil qui subordonne l'ouverture de la tutelle à la mort de l'un des parents? Et pourtant l'enfant naturel n'est-il pas en tutelle, même quand il est reconnu par son père et par sa mère et que tous deux sont vivants? Le rapport de M. Louis Legrand donne un motif qui est d'une extrême faiblesse : « Votre « commission vous propose de ne pas déroger en cette ma- « tière au Code civil. La tutelle, en effet, ne s'applique « pas aux biens seulement, et il ne paraît ni possible, ni « justifié que la privation de l'administration légale, mo- « tivée par des causes multiples et de nature et gravité « diverses, ait pour conséquence forcée de déposséder les « père et mère des autres droits et obligations qui leur « appartiennent et leur incombent ». Le rapporteur semble croire que la tutelle est incompatible avec la puissance paternelle (2).

---

(1) C'était la solution admise par l'art. 3 de la proposition Bisseuil.

(2) L'article 33 du projet de la Société d'études législatives se prononçait en faveur de la solution que nous défendons : « Si la mère est elle-même exclue de l'administration légale, la tutelle s'ouvre dans les termes du droit commun ».

Les lois étrangères, qui, cependant, n'organisent la tutelle qu'après le décès des père et mère, décident toutefois qu'il y a lieu de nommer un tuteur à l'enfant lorsque les père et mère n'ont plus qualité pour le représenter (art. 1773, C. civ. allemand; art. 233, C. civ. italien). L'article 297 du Code civil suisse n'ouvre pas la tutelle, mais prescrit à l'autorité tutélaire, si les biens de

Le régime de l'administration légale continuera donc et le tribunal nommera un administrateur, que le § 4 qualifie inexactement d'administrateur *ad hoc*. Quels seront ses pouvoirs? Si le jugement ne dit rien, il sera assimilé au père et à la mère. La solution résulte de l'ensemble des dispositions de la loi nouvelle. Mais il dépend du tribunal, qui l'investit de cette fonction, de lui imposer les garanties qu'il juge nécessaires. Quoi qu'il en soit, il reste que cet administrateur ne sera soumis à aucun contrôle analogue à celui de la tutelle et des incidents récents ont montré quelles peuvent être les suites de cette indépendance.

3° *Divorce ou séparation de corps.*

14. — Ici encore, la loi nouvelle se conforme au principe admis par le Code civil. La tutelle ne s'ouvre pas; l'administration légale continue. Et pourtant quelle différence y a-t-il entre ce cas et celui où l'un des conjoints est décédé? La protection qu'assure à l'enfant la bonne entente de ses père et mère fait défaut; le contrôle de l'autre époux sur les actes de l'administrateur ne peut plus s'exercer utilement.

On peut répondre, il est vrai, que notre régime tutélaire est imparfait, que ses rouages fonctionnent mal, et qu'il est inutile d'en étendre l'application. La tendance des législations modernes est, du reste, de maintenir l'administration légale même après le décès de l'un des père et mère et tant que l'autre survit; l'enfant trouve en la personne de son auteur un protecteur naturel. Ce serait porter inutilement atteinte à son autorité que de le soumettre au contrôle d'un subrogé-tuteur et d'un conseil de famille[1]. Telles sont,

l'enfant sont en péril, de soumettre les père et mère à la surveillance qu'elle exerce sur les tuteurs ou d'exiger des sûretés, ou enfin de nommer un curateur pour sauvegarder les intérêts de l'enfant.

(1) Code civil italien, article 241; Code civil allemand, article 1773; Code civil suisse, article 368. Le Code civil allemand permet d'adjoindre un conseil à la mère survivante dans certains cas (art. 1687), notamment lorsque le tribunal des tutelles estime cette adjonction nécessaire. Le Code civil suisse (art. 291) impose à celui des époux qui exerce la puissance après la dissolution du mariage l'obligation de remettre à l'autorité tutélaire un inventaire

sans doute, les raisons qui ont convaincu le législateur.

15. — Mais, si l'on conserve l'administration légale, il conviendrait, du moins, de rendre plus étroit le contrôle de la justice, puisque l'autre époux n'est plus là pour surveiller la gestion. Le projet de la Société d'études législatives (art. 22) exigeait son autorisation dans tous les cas où le tuteur doit être lui-même habilité par le Conseil de famille. Tel n'a pas été l'avis des auteurs de la loi. L'administration légale continue avec les mêmes caractères qu'avant. Elle est confiée à celui des époux auquel l'enfant a été remis en garde, à moins que le tribunal, qui prononce la séparation de corps ou le divorce, n'en ordonne autrement. Les juges pourraient donc, tout en donnant à la mère la garde d'enfants en bas âge qui ont besoin de ses soins, laisser au père l'administration, si le divorce a été prononcé à son profit, ou même en l'absence de cette condition, s'ils estiment qu'il administrera mieux que la mère.

16. —Restent deux situations que ne prévoit pas le texte. La première est celle où l'enfant est confié à un tiers (art. 302, Civ.). Le tribunal peut, en lui attribuant la garde, lui déléguer en même temps l'administration des biens. S'il ne le fait pas, l'époux, qui en était chargé, c'est-à-dire ordinairement le père, continuera à gérer le patrimoine de l'enfant. En effet, la loi n'a pas lié indissolublement l'administration à la garde, et celle-là ne peut pas passer de plein droit de l'un des parents à un étranger, sans que le retrait soit prononcé.

La seconde se présente quand la mère, chargée par le jugement de divorce d'administrer le patrimoine de l'enfant, se remarie. Continuera-t-elle à gérer les biens? Oui, puisque le texte ne lui retire pas expressément ses pouvoirs. Du reste, cette solution est bien conforme à l'esprit du législateur moderne, qui ne voit plus avec défaveur

des biens de l'enfant et de lui signaler les modifications notables survenues dans l'état de la fortune et le placement des fonds. Le Code civil italien ne prescrit aucune mesure spéciale à l'égard de l'auteur survivant, mais il limite étroitement les pouvoirs de l'administrateur durant le mariage (art. 224. Voir ci-dessous, n° 20.

les seconds mariages. La loi du 21 févr. 1906 n'a-t-elle pas rétabli au profit de la mère remariée l'usufruit légal que l'article 386 du Code civil lui enlevait? Il y a lieu de craindre pourtant que le second mari ne profite de la faiblesse de la femme pour se substituer à elle et s'emparer des biens des enfants. Si ce danger se produisait, les parents ou le ministère public demanderaient au tribunal d'enlever à la mère l'administration.

4° Droit pour le donateur ou le testateur de confier à un tiers l'administration des biens donnés.

17. — Le § 1er de l'article 389 confirme sur ce point la solution adoptée par la jurisprudence (1). Le donateur ou le testateur peut désigner un tiers autre que le père pour administrer.

Quels seront les pouvoirs de ce tiers? La loi ne le dit pas. Il dépend du disposant de les déterminer dans l'acte de donation ou le testament. S'il ne le fait pas, il faudra, nous semble-t-il, appliquer les règles de l'administration légale. Cependant, à la Chambre des députés, cette solution a été contestée (2). On a paru admettre, sans le dire toutefois d'une façon formelle, qu'il s'agissait d'un administrateur ordinaire et non plus d'un administrateur légal. Mais, nulle part, la loi ne détermine ce qu'est l'administrateur ordinaire. Faudrait-il donc l'obliger à demander l'autorisation du tribunal pour tout acte de disposition? Telle ne nous paraît pas avoir été la pensée des auteurs de la loi; ou, du moins, rien dans le texte n'autorise cette conclusion.

18. — Le retrait de l'administration n'entraînerait pas par lui-même la suppression du droit de jouissance légale; le disposant qui voudrait en priver le père, devrait le déclarer expressément (3).

Enfin, tout en laissant au père l'administration, le donateur ou le testateur pourrait lui imposer des obligations

(1) Voir notament, Nimes, 16 avr. 1907, S. 1908. 2. 66.
(2) 2e séance du 1er avr. 1910; observations de MM. Lefas et Raoul Péret et réponse de M. Viollette.
(3) Article 387 du Code civil.

plus étroites que celles que la loi établit et que nous allons maintenant étudier.

II. — Pouvoirs de l'administrateur légal.

19. — Quelles mesures de protection fallait-il instituer pour assurer la bonne administration des biens de l'enfant? Il ne pouvait être question d'assimiler le père à un tuteur, de placer à côté de lui un subrogé tuteur, de le mettre sous l'autorité d'un conseil de famille, et de grever ses biens d'une hypothèque légale. C'eût été contraire à la tradition de notre droit et aucune législation ne le fait. La présence de la mère, la surveillance qu'elle peut exercer sur les actes du père, l'affection réciproque des deux époux, leur tendresse pour l'enfant, voilà autant de garanties de bonne gestion qui ont toujours paru suffisantes. Exiger des père et mère qu'ils réunissent un conseil de famille et lui demandent les autorisations nécessaires, ce serait déplacer l'axe de l'autorité familiale, amoindrir la puissance des père et mère au profit de parents que des liens moins directs unissent à l'enfant. Aussi n'en a-t-il jamais été question.

20. — Mais deux autres systèmes s'offraient au choix du législateur. Le premier est celui que, depuis le Code, la presque unanimité des auteurs propose d'appliquer. C'est également celui que consacre le Code civil italien (art. 224 à 226). Il reprend la distinction classique des actes d'administration et des actes de disposition. Il confère au père le droit de faire tout ce que comporte une administration large et libérale comprenant l'entretien et la conservation des biens, le droit de passer les baux, de recevoir et de placer les capitaux, de payer les dettes, d'exercer les actions, de procéder aux aliénations mobilières courantes. Il exige, au contraire, l'autorisation de justice pour toute opération qui emporte aliénation ou constitution de droits réels. Le projet gouvernemental du 26 novembre 1881 adoptait cette distinction.

L'autre, au contraire, laisserait au père les plus larges pouvoirs de gestion, tout en donnant à la justice une mission de surveillance et en lui permettant d'intervenir et de prendre des mesures de protection au cas où les biens seraient en péril. C'est la voie qu'a suivie le nouveau Code civil suisse (art. 290 et suiv.).

Entre les deux, nos préférences vont au premier, parce qu'il garantit mieux les intérêts du mineur et qu'il est conforme aux traditions de notre droit.

On lui a cependant reproché de compliquer l'administration, de la rendre lente et coûteuse et de retarder des actes parfois urgents. C'est surtout à l'aliénation des valeurs mobilières que songent les auteurs de ces critiques. Quand des titres de bourse baissent, il est prudent de vendre sans retard ; mais comment faire si le père est obligé de convertir les valeurs, de solliciter l'autorisation de justice ? Les cours seront effondrés avant que les formalités soient accomplies.

Ces observations ont tellement frappé les rédacteurs du Code civil allemand que, tout en exigeant l'approbation du tribunal des tutelles pour certains actes, tels par exemple que l'aliénation des immeubles [1], ils n'ont imposé au père aucune formalité ni pour la conversion, ni pour l'aliénation des valeurs mobilières de l'enfant [2].

Mais cette indépendance n'est pas sans danger. Il ne faut pas oublier que ce sont les plaintes des hommes d'affaires, les abus de pouvoirs répétés des tuteurs qui ont déterminé le vote de notre loi du 27 févr. 1880, laquelle a mis un terme à une des causes les plus fréquentes de dilapidation des biens des pupilles [3]. Et ce n'est pas à une époque

---

(1) Cf. Planck, *Bürgerliches Gesetzbuch*, t. IV, § 1643, p. 401.

(2) Voir *Motive zu dem Entwurfe eines Bürgerlichen Gesetzbuches für das deutsche Reich*, t. IV, p. 766. — L'*Exposé des motifs* déclare que la qualité même des parents ne permet pas de leur enlever le droit d'aliéner les valeurs mobilières. L'intervention de la justice, ajoute-t-il, pourrait retarder au détriment de l'enfant une aliénation qu'il faut faire sans retard. Enfin, si le père manque à ses devoirs, le tribunal des tutelles prendra les mesures nécessaires ; il pourra notamment ordonner le dépôt des valeurs dans une banque ou leur conversion en titres nominatifs (art. 1667).

(3) Voir la discussion qui s'est élevée au sujet des effets utiles ou nuisibles de la loi de 1880, *Bulletin de la Société d'études législat.*, 1906, p. 340 et suiv.

où l'importance des valeurs de bourse va en croissant au point de composer exclusivement, le plus souvent, le patrimoine des mineurs, qu'il faut abandonner ces mesures de sauvegarde. Du reste, l'éventualité que nous mettent devant les yeux les adversaires de la loi de 1880, n'est pas de nature à se réaliser quand les biens du mineur ont été placés, comme ils doivent toujours l'être, en valeurs de premier ordre qui ne connaissent pas les fluctuations des titres de spéculation. Et puis, sans doute, les mesures de protection ont leurs inconvénients, mais ils ne sont pas comparables aux risques de la liberté complète. Que de pères de famille sont portés à considérer comme leur ce qui appartient aux enfants et trouvent tout naturel, s'il manque quelque chose au ménage, de l'acquérir avec leurs biens ! N'est-ce pas toujours dans l'intérêt commun qu'ils agissent ? Et y a-t-il rien de plus fragile en pareil cas que la distinction du tien et du mien ? Se contenter comme le Code civil suisse de donner à l'autorité tutélaire le droit de réprimer les abus, c'est manquer de prévoyance. Le mal sera fait quand la justice interviendra et les mesures prises par elle ne serviront qu'à sauver les débris du patrimoine.

21. — Enfin il est possible de réduire au minimum les lenteurs et les frais qu'entraîne toute protection légale, et nous regrettons que la loi nouvelle ne l'ait pas fait. Pourquoi ne pas se contenter de l'autorisation du président du tribunal ou d'un juge délégué par lui, et pourquoi exiger, comme le Code civil en matière de tutelle, l'intervention du tribunal tout entier ? N'eût-il pas été plus simple, plus expéditif de confier à un même juge unique l'examen de toutes les questions concernant les intérêts des mineurs ? Et n'aurait-on pas ainsi utilement préparé la réforme de notre régime tutélaire ?

22. — Tout en se rattachant à la distinction adoptée par le premier système, la loi actuelle en a cependant un peu modifié le principe. Au lieu de s'y tenir fermement et de dresser avec la plus grande attention la liste des actes qui exigent l'emploi de formes spéciales, le législateur a involontairement cherché son modèle dans la tutelle et c'est par comparaison avec les dispositions du titre dixième du Code civil, qu'il a déterminé les pouvoirs de l'administrateur légal. C'est pourquoi, abandonnant la règle précédente, il l'a remplacée par la proposition suivante : « L'administrateur légal accomplit seul les actes que le tuteur peut faire seul ou autorisé par le conseil de famille et, avec l'autorisation du tribunal, les actes que le tuteur ne peut accomplir sans cette autorisation [1] » ; formule qui ne correspond plus du tout à la division précitée, car il y a des actes de disposition pour lesquels la loi se contente de l'autorisation du conseil de famille, comme l'aliénation des meubles corporels dont la valeur ne dépasse pas 1.500 francs. Puis, cette première règle lui paraissant insuffisante, il l'a complétée en imposant à l'administrateur l'obligation de faire emploi des capitaux à partir de la même somme et de convertir les titres au porteur en titres nominatifs [2], et enfin il a procédé par voie d'énumération [3] :

« Sont applicables à l'administration légale, avec les modalités résultant de ce qu'elle ne comporte ni conseil de famille, ni tutelle et subrogée tutelle, les articles 457, 458, 460, 461 *in fine*, 462, 466, 467 dernier alinéa, du Code civil, 953 et suivants, livre II, titre VI du Code de procédure civile, 2, 3, 10 et 11 de la loi du 27 févr. 1880 ».

Nous aurons à constater chemin faisant les résultats fâcheux de cette méthode. Elle a deux inconvénients. Tout d'abord, il n'est pas heureux de transporter dans notre matière des formalités dispendieuses et compliquées telles que celles du partage judiciaire ou de l'aliénation des immeubles, et il ne fallait pas étendre l'application de textes dont tout le monde reconnaît les mauvais effets. En outre, rien n'est dangereux comme ces renvois, quelque soin que l'on mette à les faire. Ils dispensent d'examiner attentivement chacune des questions qui demandent une réponse et l'interprète constate bientôt que, parmi les textes cités, il en est qui s'adaptent mal à la nouvelle institution pour la-

(1) Art. 389 nouveau, § 6.
(2) Art. 389 nouveau, § 7.
(3) Art. 389 nouveau, § 8.

quelle ils n'avaient pas été primitivement écrits (1). Nous aurons l'occasion de montrer, en étudiant les trois paragraphes du nouvel article 389 consacrés aux pouvoirs de l'administrateur légal, que plusieurs erreurs se sont glissées dans l'énumération précitée.

23. — Avant d'examiner les diverses mesures de précaution que la loi prend pour assurer la conservation des biens du mineur, il importe tout d'abord de rechercher quelle est l'étendue du mandat confié au père de famille, et de dire jusqu'où va son pouvoir de représentation.

Bien que la loi ne résolve pas d'une façon expresse cette question primordiale, la réponse se dégage très clairement de l'ensemble de ses prescriptions : L'administrateur légal a le droit d'accomplir seul, sans autorisation, sans conditions ni formalités, tous les actes juridiques pour lesquels l'article 389 nouveau n'édicte pas de règles restrictives, sauf pourtant certains contrats qui, par leur nature même, sont incompatibles avec la notion d'administration et interdits à quiconque gère les biens d'autrui. Cette dernière réserve n'est pas indiquée par le texte, mais elle s'impose et nous aurons à en préciser plus loin le contenu, de même qu'il y aura lieu, après avoir étudié les formalités prescrites, de tirer quelques conséquences du principe que nous venons de poser.

1° Emploi des capitaux.

24. — L'administrateur légal est tenu de faire emploi des capitaux lorsqu'ils s'élèvent à plus de 1.500 francs (2). En matière de tutelle, la loi ne fixe pas le chiffre auquel com-

---

(1) Le projet de la Société d'études législatives était mieux conçu : il énumérait toutes les obligations imposées à l'administrateur légal. Il est regrettable que le Parlement ne l'ait pas pris pour modèle. Il formait, il est vrai, une véritable loi de 35 articles et n'aurait pas pu être incorporé au texte du Code civil. Mais nous avons déjà donné notre sentiment sur le procédé qui consiste à surcharger de nouveaux et trop nombreux paragraphes les articles de notre Code civil.

(2) Le § 7 dit : Il est tenu toutefois de faire, en bon administrateur, emploi des capitaux appartenant à l'enfant... » Les mots « en bon administrateur » sont inutiles, puisque le § 5 a déjà déclaré que l'administrateur légal doit administrer en bon père de famille.

mence l'obligation du placement. C'est le conseil de famille qui le détermine dans sa première réunion, à l'ouverture de la tutelle. Ici, comme cette assemblée n'existe pas, il était nécessaire d'établir une règle uniforme. Le législateur a cru devoir s'arrêter à 1.500 francs, parce que le père a le droit d'aliéner sans autorisation les meubles incorporels dont la valeur n'est pas supérieure. Mais il nous semble qu'il a trop sacrifié à la logique. Les deux opérations de l'emploi et de l'aliénation sont bien différentes; il eût été préférable de ne pas leur appliquer la même règle et de décider que toute somme échue à l'enfant, si faible qu'elle fût, devrait être placée; il est dangereux en effet, de laisser au père la liberté de conserver les deniers en nature. N'est-ce pas l'inciter à les dépenser peu à peu? Si minime que soit l'avoir de l'enfant, il faut le conserver et le faire fructifier et la loi aurait dû imposer à l'administrateur l'obligation de le déposer à la caisse d'épargne, qui est un excellent mode de placement pour les petites sommes d'argent.

24 *bis*. — Le genre d'emploi est laissé à l'appréciation de l'administrateur. Cependant, s'il s'agit du produit d'une vente, le tribunal pourra, en autorisant l'aliénation, indiquer comment le prix sera placé [1]. Mais, dans les autres cas, notamment quand les fonds proviendront d'une succession ou du paiement d'une créance, le père seul jugera de l'utilité de l'acquisition qu'il se propose de faire. Le projet de la Société d'études législatives (art. 9) exigeait, au contraire, l'achat de fonds d'État français, d'actions de la Banque de France, d'obligations de villes françaises, d'actions et obligations de chemins de fer français. Le Code civil allemand prend les mêmes précautions et renvoie

_____

[1] Le projet voté par la Chambre disait expressément : « Le jugement qui autorisera une aliénation précisera toujours l'emploi qui devra être fait des fonds en provenant ». Ce membre de phrase a disparu du texte voté par le Sénat, sans qu'aucune raison ait été donnée. Le rapport de M. Viollette, Chambre des députés, session de 1909, annexe n° 2316, p. 3, croit qu'il y a eu un oubli matériel. Cette suppression n'a du reste pas d'importance, car le droit du tribunal ne peut être mis en doute.

(art. 1642) aux placements autorisés pour les fonds pupillaires (art. 1807, 1808).

25. — Quelle sera la sanction du défaut d'emploi? La loi a pris soin de dégager la responsabilité des tiers; ils sont dispensés d'en surveiller l'accomplissement; le paiement qu'ils font entre les mains de l'administrateur les libère dans tous les cas [1]. C'est la règle admise par la loi du 27 février 1880, art. 6, 3° al. Le législateur a bien fait de se conformer à ce précédent. Il n'est pas possible d'imposer aux tiers une obligation semblable, si difficile à concilier avec la sécurité nécessaire au commerce juridique. Qui ne sait combien elle pèse lourdement sur les débiteurs de deniers dotaux, et qui ne sait aussi quels frais, quelles formalités, quelles lenteurs elle entraîne pour la perception des capitaux de la femme dotale? Et pourtant, c'eût été, en notre matière, la seule sanction vraiment efficace. Dans la tutelle, il y a bien le subrogé tuteur qui est responsable personnellement. mais le père lui n'a pas de surveillant. On ne peut guère compter en pratique sur l'intervention de la mère, qui, au surplus, n'est pas soumise à la même responsabilité que le subrogé tuteur. C'est pourquoi il y a lieu de craindre que l'administrateur négligent ou dissipateur ne se conforme pas à l'ordre du législateur. Il ne restera qu'à demander sa déchéance, s'il y a péril. Mais souvent il sera trop tard [2].

2° *Conversion des titres au porteur
en titres nominatifs.*

26. — La conversion est obligatoire, à moins que, par leur nature ou en raison de conventions, les titres n'en soient pas susceptibles [3].

---

[1] Art. 389 § 7 *in fine*.

[2] On ne pourrait remédier à cette lacune qu'en faisant intervenir obligatoirement, dès le début de l'administration, un magistrat qui exigerait l'emploi et pourrait dans la suite surveiller l'administrateur.

[3] Art. 389 nouveau, § 7. Certaines valeurs étrangères n'admettent pas la forme nominative. On rencontre parfois aussi des obligations hypothécaires au porteur.

On ne voit pas bien quelle en sera l'utilité, lorsque la valeur des titres ne dépassera pas 1.500 francs, puisque la loi nouvelle reconnaît à l'administrateur le droit d'aliéner sans autorisation les meubles incorporels jusqu'à concurrence de cette somme. Peut-être le législateur a-t-il pensé que la forme nominative, en rendant l'aliénation plus compliquée, serait une garantie pour l'enfant.

Ici encore, comme pour l'emploi des capitaux, la loi n'a pas voulu imposer aux tiers la charge de surveiller la conversion. L'héritier débiteur des titres au porteur légués à l'enfant, l'agent de change, qui les achète sur l'ordre du père, se libèrent valablement en les remettant entre ses mains.

Il en résulte que personne ne peut contraindre le père à remplir cette obligation. Mais si sa négligence met en péril la conservation des valeurs, la famille ou le ministère public pourront demander au tribunal de lui retirer l'administration.

3° *Acceptation des successions.*

27. — Si une succession échoit à l'enfant, l'administrateur devra l'accepter sous bénéfice d'inventaire. A la différence du tuteur, qui a le choix entre deux partis, accepter ou renoncer (art. 461, C. civ.), le père, semble-t-il, ne pourra pas répudier. En effet, le § 8 déclare applicable à l'administration légale non pas l'art. 461 tout entier, mais seulement sa fin. Pourtant voici, dans le même paragraphe, un second renvoi qui jette quelque doute sur l'exactitude du précédent; l'article 462 du Code civil s'applique également au père administrateur. Or, cet article prévoit le cas où la succession a été répudiée au nom du mineur, et permet au tuteur de la reprendre tant qu'elle n'a pas été acceptée par un autre. Est-ce donc que le père de famille aurait, lui aussi, le droit de renoncer ? La contradiction est évidente, et il nous paraît impossible de concilier ces deux renvois. Dès lors, ne vaut-il pas mieux tenir le premier pour erroné et donner au père l'option entre la répudiation et l'acceptation

sous bénéfice d'inventaire? Si, en effet, la succession est franchement mauvaise, le meilleur parti à prendre est de la répudier. Pourquoi imposerait-on au père l'obligation de la liquider [1]?

28. — La disposition précédente ne s'appliquant ni aux donations ni aux legs à titre particulier, le père conserve incontestablement son droit d'option. Personne mieux que lui ne peut apprécier les raisons d'ordre moral qui dicteront sa décision.

4° *Partage.*

29. — L'administrateur est libre de provoquer sans autorisation le partage de la succession dévolue à l'enfant, mais à la condition d'observer les formes prescrites par l'article 466 du Code civil. Solution regrettable; on sait quels sont les inconvénients du partage judiciaire; en pratique, les parties font tout ce qu'elles peuvent pour y échapper. Est-il bon d'y soumettre le père, et ne pouvait-on, puisqu'il a de larges pouvoirs d'administration, lui permettre de partager les biens à l'amiable?

La Société d'études législatives avait été mieux inspirée en accordant au père le choix entre ces deux formes et en se contentant d'exiger le concours d'un administrateur *ad hoc* pour le cas où les cohéritiers de l'enfant seraient ses frères et sœurs, sa mère ou la seconde femme du père administrateur légal [2].

30. — Telles sont les mesures de protection que la loi établit, en dehors de l'autorisation de justice à laquelle nous allons arriver. Il en est une autre que l'on est surpris de ne pas y rencontrer. Le nouvel article 389 du Code civil n'im-

---

(1) D'après le projet de la Société d'études législatives, articles 13, 14 et 15, l'administrateur était obligé de faire dans tous les cas l'inventaire dans les trois mois de l'ouverture; après quoi, il pouvait prendre parti sur l'acceptation ou la renonciation. Le père n'avait pas besoin d'être autorisé par justice pour renoncer, sauf dans le cas où la succession par lui répudiée se trouvait dévolue à sa femme ou profitait exclusivement à ses autres enfants (art. 15).

(2) Art. 16 et 17.

pose pas au père l'obligation de faire inventaire des biens de l'enfant [1], et pourtant n'est-ce pas le premier, l'indispensable devoir de tout administrateur du patrimoine d'autrui que de faire dresser l'acte qui permettra plus tard à l'incapable de contrôler la reddition de comptes? Que vaut celle-ci, si elle n'est pas accompagnée d'une pièce constatant l'état de la fortune au jour où elle a été prise en charge par l'administrateur [2]? Fort heureusement, la lacune est moins grave qu'il ne paraît tout d'abord. Si les biens du mineur proviennent d'une succession, l'article 461 du Code civil exige la confection de l'inventaire. Ont-ils été donnés ou légués, l'acte de donation ou le testament serviront à établir leur consistance. Enfin, lorsque le père a l'usufruit, il doit certainement, en cette qualité, se conformer à l'article 600 du Code civil. Très rares seront donc les hypothèses où l'enfant se trouvera privé d'une preuve écrite. Il faudrait supposer d'abord que le père n'a pas la jouissance légale et ensuite que les biens proviennent soit d'un don manuel, soit d'un testament qui, au jour de la reddition de compte, ne peut plus être retrouvé. Si le cas se présentait, l'enfant serait autorisé à faire la preuve de la consistance de son mobilier par tous les moyens, même par la commune renommée, comme les articles 1415, 1442 et 1502 le permettent à la femme mariée [3].

Il nous reste à voir quels sont les actes pour lesquels l'autorisation de la justice est imposée.

---

(1) En effet, le § 8, qui énumère les articles du titre de la tutelle applicables à l'administration légale, ne cite pas l'article 451.

(2) Aussi les auteurs admettent-ils presque tous que le père est, comme le tuteur, obligé de dresser un inventaire. Aubry et Rau, 4ᵉ édit., t. I, § 123, p. 505; Demol., t. VI, nᵒ 433; Demante et Colmet de Santerre, 3ᵉ édit., t. II, nᵒ 137 *bis* III; Beudant, *Cours de droit civ. franç.*, *L'Etat et la capacité*, t. II, nᵒ 735, p. 379; Baudry-Lacantinerie, Chéneaux et Bonnecarrère, *Des personnes*, 2ᵉ édit., t. VI, p. 210, nᵒ 185. *Contrà*, Laurent, t. IV, nᵒ 307, p. 408.

(3) Dans ce sens, Aubry et Rau, 4ᵉ édit., t. I, § 123, p. 505.

5° *Actes pour lesquels l'autorisation du tribunal est nécessaire.*

31. — L'administrateur est obligé de requérir l'autorisation du tribunal dans les mêmes cas que le tuteur, c'est-à-dire lorsqu'il s'agit de faire l'un des actes suivants :

1° Aliéner les meubles incorporels dont le montant dépasse 1.500 francs en capital ;

2° Convertir les titres nominatifs en titres au porteur, quand leur valeur excède ce chiffre ;

3° Aliéner les immeubles ;

4° Emprunter ;

5° Constituer des droits réels sur un immeuble ;

6° Transiger.

32. — *Aliénation des meubles incorporels et conversion des titres nominatifs.* — L'administrateur légal n'est jamais tenu de vendre les meubles corporels appartenant à l'enfant. S'il juge utile de procéder à leur aliénation, il n'est pas obligé de requérir d'autorisation ni de recourir au ministère d'un officier public.

Quant aux meubles incorporels, ses pouvoirs sont limités. Tout d'abord, s'il s'agit de valeurs cotées à la Bourse, la négociation devra toujours se faire par le ministère d'un agent de change, au cours moyen du jour, conformément à l'article 3 de la loi du 27 février 1880 [1]. En second lieu, lorsque le capital représenté par ces meubles dépasse 1.500 francs, l'administrateur légal doit demander l'autorisation du tribunal. Jusqu'à ce chiffre, au contraire, il reste libre d'en disposer. La conversion des titres nominatifs en titres au porteur est soumise aux mêmes formalités que l'aliénation [2].

Ainsi, lorsque le père demandera la conversion de titres nominatifs représentant plus de 1.500 francs, l'établissement débiteur ne devra y procéder que sur le vu d'un jugement d'autorisation, sous peine d'engager sa responsa-

---

(1) Art. 389 nouveau, § 8.

(2) Art. 389 nouveau, § 8, qui applique à l'administration légale l'art. 10 de la loi de 1880.

bilité, et il en sera de même de l'agent de change chargé
de les négocier. Si, au contraire, le montant des valeurs
n'est pas supérieur à 1.500 francs, le père n'aura aucune
justification à fournir.

Cette distinction permettra, dans la pratique, à certains
administrateurs de tourner aisément les prescriptions de
la loi. Pour esquiver l'autorisation de justice, ils n'auront
qu'à vendre les titres par petits paquets successifs n'excédant pas la limite fixée par la loi.

33. — *Aliénation des immeubles.* — Aux yeux du législateur, l'aliénation des immeubles est un acte qu'il ne faut
permettre que dans des cas exceptionnels, tout comme pour
les mineurs en tutelle. L'administrateur devra s'adresser
au tribunal et prouver soit qu'il y a nécessité absolue, par
un compte sommaire établissant l'insuffisance des deniers,
effets mobiliers et revenus du mineur, soit qu'il y a avantage évident. Le tribunal donnera son autorisation, s'il estime que la demande est fondée [1]; il indiquera les immeubles qui devront être vendus de préférence et toutes
les conditions qu'il jugera utiles.

34. — Quant aux formes de l'aliénation, il semblerait
que l'administrateur peut, à la différence du tuteur, vendre
de gré à gré, puisque le paragraphe 8 du nouvel article 389
ne cite pas l'article 359 du Code civil dans son énumération. Mais c'est un oubli que la suite du texte répare, car
il renvoie au titre VI du Code de procédure civile (art. 953 à
965), qui règle les formalités de vente des immeubles appartenant à des mineurs. Ici encore, on peut regretter que le
législateur ait transporté à l'administration légale cette procédure si lente et si dispendieuse. Mieux eût valu permettre
l'aliénation de gré à gré, souvent bien plus avantageuse,
sauf à exiger l'approbation du prix par le tribunal.

35. — Les règles précédentes subissent exception lorsque les immeubles sont indivis et qu'un jugement en a
ordonné la licitation sur la provocation du copropriétaire
du mineur. Dans ce cas, l'administrateur légal, comme le

____

(1) Art. 389 nouv., § 8, renvoyant aux articles 457 et 458 du Code civil.

tuteur, est dispensé de requérir l'autorisation de justice
(art. 450, C. civ.) [1].

En serait-il de même si la demande en licitation était
formée par le père lui-même, au cours du partage? La
question se pose dans les mêmes termes pour le tuteur [2].
A ne consulter que la logique, il faudrait la résoudre affirmativement; car la licitation des immeubles impartagea-
bles en nature est une des opérations du partage et celui
qui a capacité pour intenter l'action principale peut aussi
introduire les actions secondaires qui en sont la conséquence [3]. Mais le texte restrictif de l'article 460 du Code
civil prouve que telle n'a pas été l'opinion des rédacteurs
du Code civil. Pour eux, toute demande d'aliénation des
biens émanée du représentant de l'incapable doit être autorisée par la justice, et, comme la loi nouvelle se contente d'appliquer l'article 460 à l'administrateur légal, il y
a lieu de donner la même solution [4].

36. — *Emprunt, constitution de droits réels sur des immeubles.* — Ces actes requièrent aussi l'autorisation de justice, et
ici encore, le tribunal ne devra les permettre que pour cause
d'une nécessité absolue ou d'un avantage évident [5].

37. — *Transaction.* — La transaction ne sera possible qu'a-
près avoir été autorisée et homologuée par la justice. Mais
les juges n'auront pas besoin de demander l'avis de trois
jurisconsultes comme il est nécessaire pour le mineur en

---

(1) L'article 389 nouveau, § 8, applique cet article à l'administration légale.

(2) Voir note de Loynes sous Dijon, 31 déc. 1891, D. P. 92. 2. 233; Baudry-Lacantinerie, Chéneaux, Bonnecarrère, *Des personnes*, 2e édit., t. IV,
p. 596.

(3) Cons. Dijon, 31 déc. 1891, précité. Cet arrêt a reconnu au père administrateur le droit de requérir la licitation. « Attendu, dit-il, qu'on ne saurait
considérer comme constituant une aliénation proprement dite, sans rapport
avec le droit d'administration très étendu qui paraît avoir été confié au père
pendant le mariage, une action en justice qui ne tend à la licitation d'un immeuble que comme conséquence et accessoire d'une demande en partage
qu'il appartient, en principe, au tuteur de provoquer avec la seule autorisation du conseil de famille ».

(4) Voyez dans le même sens, de Loynes, note précitée; Baudry-Lacantinerie et Chéneaux, *loc. cit.*; Angers, 19 juin 1851, D. P. 51. 2. 163; Civ. rej.,
20 janv. 1880, D. P. 80. 1. 161.

(5) Article 459 du Code civil.

tutelle ; en effet le dernier alinéa de l'article 467 du Code civil seul est applicable à l'administration légale [1].

38. — Pour ces divers actes, l'autorisation sera donnée par le tribunal de première instance, statuant en Chambre du Conseil, après avoir entendu le Procureur de la République.

Si le jugement refuse l'autorisation, l'administrateur légal pourra-t-il interjeter appel? Il faudrait, sans hésiter, répondre affirmativement, car le requérant qui succombe dans sa demande, même devant la Chambre du conseil, a toujours le droit d'en appeler de la décision rendue contre lui [2], si nous ne rencontrions ici un texte contraire que la loi de 1910 déclare applicable à l'administration légale [3]. C'est l'article 2 de la loi du 27 févr. 1880, qui nous dit que la décision statuant sur une demande d'aliénation ou de conversion de titres nominatifs est toujours en dernier ressort. On peut s'étonner, du reste, que le législateur de 1910 ait cru bon d'étendre cette dérogation à l'administration légale, car les motifs qui l'ont fait insérer dans la loi de 1880 ne se rencontrent plus en notre matière. En l'édictant, le législateur voulait éviter des frais et des lenteurs préjudiciables aux intérêts du mineur, et le rapporteur au Sénat, M. Denormandie, la justifiait en ces termes [4] : « Lorsque l'affaire aura été déjà examinée « par le conseil de famille et par le tribunal, elle aura subi « en quelque sorte les deux degrés de juridiction, ce qui « est le principe de notre législation ». Quand il s'agit de l'administrateur légal, la demande est directement portée devant le tribunal, il n'y a pas d'autre corps chargé d'un examen préalable, il n'y a donc plus de raison de priver le père de son droit de déférer à la Cour le jugement rendu par la Chambre du conseil. Mieux eût valu, par consé-

---

(1) Voir article 389 nouveau, § 8.

(2) Garsonnet et Cézar-Bru, *Traité de procédure*, t. VIII, p. 253, § 2973 Bertin, *Chambre du conseil*, 3ᵉ édit., 1894, t. I, nᵒˢ 65 et 619.

(3) Article 389 nouveau, § 8.

(4) Séance du Sénat du 25 mai 1878, *Journal officiel* du 26 mai, p. 5766. Voir aussi Buchère, *Commentaire de la loi du 27 févr. 1880*, nᵒˢ 50 et 51.

quent, maintenir, pour ce cas comme pour les autres, la règle ordinaire.

39. — Il reste à nous demander quelle serait la sanction du défaut d'accomplissement des formalités établies par la loi. La réponse ne présente aucune difficulté. L'acte irrégulièrement passé, sans l'autorisation de justice ou en dehors des formes prescrites, est entaché d'une cause de nullité relative, et l'administrateur lui-même agissant au nom du mineur, ou ce dernier, après son émancipation ou sa majorité, pourront en requérir l'annulation.

6° *Remplacement de l'administrateur légal en cas d'opposition d'intérêts.*

40. — S'il y a opposition d'intérêts entre l'administrateur et le mineur, le tribunal, statuant sur requête en chambre du conseil, le ministère public entendu, nommera un administrateur *ad hoc*.

La loi ne fait que consacrer la pratique des tribunaux, mais elle précise la qualité de ce représentant, qualité sur laquelle les auteurs n'étaient pas d'accord [1].

Comment la justice sera-t-elle prévenue? Le plus souvent, la contrariété d'intérêts apparaîtra à propos d'une succession à laquelle le père et l'enfant ou plusieurs frères et sœurs mineurs seront concurremment appelés. C'est l'administrateur lui-même qui fera désigner son remplaçant; s'il néglige de le demander, son conjoint, ou un parent, ou un allié, ou enfin le ministère public saisiront le tribunal.

7° *De la limite des pouvoirs de l'administrateur légal.*

41. — En dehors des cas où la loi nouvelle requiert l'autorisation de justice et prescrit l'observation de formes spé-

---

(1) Les uns disaient qu'il fallait nommer un *tuteur ad hoc*, ce qui entraînait à placer à côté de lui, au moins dans certains cas, un subrogé tuteur *ad hoc*; les autres se contentaient d'*un administrateur ad hoc*. Il y avait de même des divergences sur le mode de nomination. Voir Planiol, t. I, nᵒˢ 1719, 1720; Baudry-Lacantinerie, Chéneaux, Bonnecarrère, *Des personnes*, 2ᵉ édit., t. IV, p. 205, nᵒ 183.

ciales, l'administrateur légal, avons-nous dit [1], a le droit
d'accomplir seul, sans formalités, tous les actes que requiert
la représentation des droits de l'enfant. Il peut notamment,
s'il le juge utile, aliéner les meubles corporels, choisir les
modes de placement des capitaux, exercer en justice toutes les actions nées au profit du mineur, défendre aux
poursuites dirigées contre lui, acquiescer aux demandes
qu'il croit bien fondées.

Pourtant ce droit de représentation n'est pas illimité ; il
y a un domaine interdit au père comme il l'est au tuteur ;
il y a certains contrats qu'il ne peut pas conclure au détriment de l'enfant, parce qu'ils sont contraires à l'idée de
conservation des biens qui est l'essence de l'administration.
Ce sont les actes à titre gratuit : la donation entre-vifs et le
cautionnement, car un administrateur n'a pas le droit de
faire des libéralités avec le patrimoine de l'incapable ; c'est
aussi le compromis, car l'article 1004 du Code de procédure
civile défend de compromettre sur les contestations sujet-
tes à communication au ministère public, et par conséquent
sur les causes intéressant les mineurs (art. 83, 6°, C. pr. civ.).

Faut-il aller plus loin et interdire entre le père et
l'enfant les contrats que l'article 450, troisième alinéa,
prohibe entre le tuteur et le pupille ? Le silence de la loi
nouvelle sert ici d'argument. L'article 450 ne figure pas
au nombre de ceux qu'elle étend à l'administrateur légal ;
il faut donc en conclure que la prohibition ne s'applique
pas à ce dernier. Et pourtant, en dehors de la prise à bail
des biens de l'enfant par le père, laquelle peut, suivant
les circonstances, être utile ou même nécessaire, on ne
voit pas quel motif désintéressé déterminerait l'administrateur à acheter les biens du mineur ou à devenir conces-
sionnaire d'une créance contre lui [2].

____

[1] Voir ci-dessus le n° 23.

[2] Avant la loi de 1910, les auteurs admettaient pour la plupart que l'article 450 du Code civil ne s'appliquait pas à l'administrateur légal. Voir
Baudry-Lacantinerie, Chéneaux, Bonnecarrère, *Des personnes*, 2ᵉ édit., t. IV,
p. 214, n° 189. Voir dans le même sens, Bordeaux, 3 janv. 1849, S. 52. 2. 304.
Contrà, Demolombe, t. VI, p. 328, nᵒˢ 440 et suiv.

III. — Reddition de compte et responsabilité
de l'Administrateur légal.

1° Responsabilité de l'administrateur légal.

42. — « L'administrateur légal doit administrer en bon
« père de famille et est responsable de son administra-
« tion dans les termes du droit commun [1] ».

La formule employée par le législateur n'est pas heureuse, car la fin en contredit le début. Si l'on appliquait
ici les règles du droit commun, comme le dit la loi, il faudrait apprécier la conduite de l'administrateur d'après la
diligence qu'il apporte dans la gestion de ses affaires per-
sonnelles, car il est un mandataire non salarié et telle est
la mesure de la responsabilité de ce dernier (art. 1374,
2ᵉ al. et 1992, 2ᵉ al., C. civ.). La loi demande plus au père
et avec raison ; elle le traite comme le tuteur; elle exige
qu'il se conduise en bon père de famille. Il répond donc
de toute faute même légère qui a entraîné quelque préjudice pour l'enfant, et il devra réparation de ce préjudice.

2° Reddition de compte.

43. — Tout administrateur doit, à la fin de sa gestion,
rendre ses comptes. L'article 389 du Code civil, si incomplet qu'il fût, imposait au père cette obligation et la loi
nouvelle maintient les termes dans lesquels elle était for-
mulée [2] : « L'administrateur est comptable, quant à la
« propriété et aux revenus, des biens dont il n'a pas la
« jouissance, et, quant à la propriété seulement, de ceux
« des biens dont la loi lui donne l'usufruit ».

Mais le Code ne spécifiait pas les conditions dans lesquelles le compte devait être rendu, laissant ainsi l'enfant sans
défense en présence de l'administrateur qui abuse de son
autorité pour se faire donner irrégulièrement décharge.
C'est avec raison que la loi nouvelle impose ici les mêmes

---

(1) Article 389 nouveau, § 5.
(2) Art. 389 nouveau, § 10.

restrictions qu'en matière de tutelle et applique les articles 469 [1] et 471 à 475 du Code civil. L'administration légale est finie; l'enfant est vis-à-vis de l'administrateur dans un état de dépendance plus marqué encore que le pupille vis-à-vis de son tuteur; il faut empêcher l'administrateur d'esquiver la reddition de compte. C'est pourquoi elle devra se faire en justice, s'il y a contestation (art. 473); et tout traité entre l'administrateur et l'enfant sera nul s'il ne satisfait pas aux conditions de l'article 472 du Code civil. De même, les intérêts dus par l'administrateur courront à compter de la clôture du compte, tandis que ceux des sommes dues à l'administrateur ne partiront que du jour de la sommation de payer qui aura suivi la clôture (art. 474). Enfin, toute action de l'enfant contre l'administrateur relative aux faits de gestion se prescrira par dix ans, à compter de la majorité [2] (art. 475, C. civ.).

∘°∘

44. — *Application de la loi nouvelle aux colonies.* — Nous aurions terminé l'examen des règles du nouvel article 389, s'il ne restait à dire un mot de cette question, à propos de laquelle on peut encore reprocher quelque négligence au législateur. L'article ne contient aucune disposition relative à ce sujet. Il en résulte qu'il n'est pas applicable de plein droit dans les colonies [3]. Mais parmi les textes énumérés par le § 8, se rencontre l'article 11 de la loi du 27 févr. 1880, qui étend cette loi à l'Algérie, à la Martinique, à la Guadeloupe et à la Réunion. Voici donc le résultat singulier auquel on aboutit. Seules, les règles concernant l'aliénation des meubles incorporels s'imposeront à l'observation des administrateurs légaux dans les

---

(1) Le renvoi à l'article 469 fait double emploi avec le § 10 de l'article 389.

(2) Le projet de la Société d'études législatives prévoyait le cas où la reddition de compte était faite à l'enfant encore mineur, à la suite de son émancipation. Il devait y être procédé en présence d'un administrateur *ad hoc* nommé à l'enfant (art. 24).

(3) Cf. Arthur Girault, *Principes de colonisation et de législation coloniale*, 3e édit., t. I, p. 372 et suiv.; t. II, p. 35 et suiv.

colonies précitées; ils échapperont, au contraire, aux au -
tres prescriptions édictées par la loi de 1910. C'est là évi-
demment la conséquence d'un oubli qui devra être réparé
par un décret appliquant aux colonies susindiquées l'ensemble de l'article 389 actuel.

o^oo

45. — Au lendemain de la promulgation d'une loi, le
rôle de l'interprète doit se borner à signaler les imperfec-
tions que présente son texte, les lacunes qui s'y rencontrent, les questions qu'elle laisse dans l'ombre. Il est difficile de porter un jugement décisif sur la valeur de ses
dispositions. Il faut attendre qu'elle ait subi le contact de
la vie juridique, et c'est après quelques années seulement
que l'on peut dire si ses règles s'adaptent aisément aux situations de fait et défendent efficacement les intérêts des
personnes qu'elle entend sauvegarder.

Cependant il est permis d'affirmer dès à présent que la
loi du 8 avril 1910 marque un incontestable progrès sur
le Code civil, par le seul fait qu'elle établit des règles
précises là où régnaient le doute et l'incertitude. Elle met-
tra un terme aux nombreuses contestations que suscitait
l'insuffisance de l'article 389 et c'est un heureux résultat.

46. — Peut-être peut-on craindre que certaines de ses
prescriptions ne pénètrent pas assez profondément dans la
pratique, et que le régime de protection organisé par elle
ne couvre pas toutes les situations pour lesquelles il est éta-
bli. Son point faible, c'est le défaut de sanction des obligations qu'elle édicte, c'est aussi la difficulté d'exercice du
contrôle confié aux tribunaux. Si le père de famille ne
respecte pas la loi, si, par exemple, il ne place pas les capitaux ou ne convertit pas les valeurs au porteur en titres
nominatifs, qui donc l'y contraindra? Et la justice sera-
t-elle prévenue des irrégularités commises? Le conjoint, les
membres de la famille, oseront-ils demander contre l'administrateur l'application de la déchéance? Sans doute, le
ministère public est le défenseur naturel des intérêts des

incapables; mais comment connaîtra-t-il ceux qui ont besoin de sa sollicitude?

L'expérience prouve que les mesures de protection édictées par le législateur sont fréquemment éludées dans la pratique. Il est difficile, semble-t-il, de se soustraire au régime de la tutelle; la mort de l'un des auteurs de l'enfant est un fait aisé à connaître; la famille tout entière devrait veiller à l'application de la loi; le juge de paix peut être aisément renseigné, et, pourtant, bien souvent la loi n'est pas respectée.

En 1872, M. Dufaure, ministre de la Justice, fit procéder à une enquête par les procureurs généraux des cours d'appel. Elle démontra que dans un très grand nombre de cas, non seulement lorsque l'enfant ne possède rien, mais même quand il recueille des biens au moment du décès de son père ou de sa mère, la tutelle n'est pas organisée. Le conjoint survivant ne prévient pas le juge de paix, ne réunit pas de conseil de famille; il administre les biens du mineur comme les siens propres, sans aucun contrôle. Ou bien, si l'enfant est mis en tutelle au moment du décès de l'un des auteurs, le conseil de famille n'est plus convoqué par la suite et la gestion du tuteur n'est l'objet d'aucune surveillance effective[1].

47. — Si les irrégularités sont aussi fréquentes après le décès de l'un des père et mère, il est probable qu'elles le seront plus encore pendant le mariage et que souvent le père de famille administrera sans se soucier des injonctions de la loi. En notre matière, c'est un mal inévitable, un déchet nécessaire de la machine législative. Pour le supprimer, il faudrait prendre de telles mesures de protection que l'administration des biens en serait entravée.

Il serait exagéré, du reste, d'en conclure que l'œuvre

---

(1) D'après l'enquête, le nombre de ces situations irrégulières était considérable; il y avait à cette époque, 212.784 tutelles irrégulières. Voir le résumé de cette enquête dans le rapport de M. Jules Favre, *Journ. off.*, 1897, p. 3905. Voir aussi les observations conformes de M. Gazagne au Sénat, *Journ. off.*, 1879, p. 7382. Cons. l'excellente thèse de M. Gastambide, *L'enfant devant la famille et l'État*, Paris, 1902, p. 287 et suiv.

du législateur est inutile et vaine. Quelques-unes de ses dispositions manquent sans doute de sanction efficace et risquent de n'être pas toujours respectées, mais il en est d'autres, comme les formalités relatives à l'aliénation des immeubles, à l'emprunt, à la constitution d'hypothèque, à la transaction, qu'il sera difficile au père d'éluder parce que leur observation importe à la sécurité des tiers qui traitent avec lui. De même, s'il s'agit de vendre des valeurs nominatives représentant un capital supérieur à 1.500 fr., l'agent de change refusera de procéder à l'opération tant qu'elle n'aura pas été autorisée. Seuls, par conséquent, la conversion des titres au porteur et l'emploi des capitaux dépendent de la bonne volonté de l'administrateur. Et, même en ce qui concerne ces derniers actes, il est fort probable que la réforme si nécessaire de notre régime tutélaire exercerait une heureuse influence et amènerait une plus exacte observation de la loi. Car le jour où la surveillance de la gestion des biens des mineurs serait concentrée entre les mains d'un juge unique, le jour où, comme en Allemagne, ce juge serait chargé d'un contrôle permanent, effectif sur les actes des administrateurs et investi du pouvoir de leur donner des conseils ou de leur demander des explications, il y a lieu de penser que l'administrateur légal tout comme le tuteur se conformerait plus scrupuleusement aux prescriptions du Code, et que, d'autre part, les intéressés hésiteraient moins à faire appel à l'intervention du magistrat dans les cas où elle devient nécessaire.

HENRI CAPITANT.

IMPRIMERIE
CONTANT-LAGUERRE

LVX VITAM

BAR-LE-DUC

9 782019 241865